ISBN 978-1-333-25222-9
PIBN 10548974

English
Français
Deutsche
Italiano
Español
Português

www.forgottenbooks.com

Mythology Photography **Fiction**
Fishing Christianity **Art** Cooking
Essays Buddhism Freemasonry
Medicine **Biology** Music **Ancient
Egypt** Evolution Carpentry Physics
Dance Geology **Mathematics** Fitness
Shakespeare **Folklore** Yoga Marketing
Confidence Immortality Biographies
Poetry **Psychology** Witchcraft
Electronics Chemistry History **Law**
Accounting **Philosophy** Anthropology
Alchemy Drama Quantum Mechanics
Atheism Sexual Health **Ancient History**
Entrepreneurship Languages Sport
Paleontology Needlework Islam
Metaphysics Investment Archaeology
Parenting Statistics Criminology
Motivational

JOSÉ AGUADO PÉREZ

levar la derecha!...

RECOMENDACIÓN EN UN ACTO
EN PROSA Y VERSO, ORIGINAL

MUSICA DEL MAESTRO

PABLO LUNA

MADRID
SOCIEDAD DE AUTORES ESPAÑOLES

¡LLEVAR LA DERECHA!...

¡LLEVAR LA DERECHA!...

RECOMENDACION

en un acto, en prosa y verso

ORIGINAL DE

JOSÉ AGUADO PÉREZ

música del maestro

PABLO LUNA

———

Estrenada en el ROYAL KURSAAL (antes Teatro Regio)
el 21 de Junio de 1910

MADRID

R. VELASCO. IMP., MARQUÉS DE SANTA ANA, 11 DUP.º
Teléfono número 551

———

1910

A Pilar Monterde

y Concha Sánchez-Bell

Sugestivas, bellas y graciosísimas artistas,

El Autor.

REPARTO

PERSONAJES	ACTORES
GLORIA....	Pilar Monterde.
PEPA	Concha Sánchez Bell.
CANDIDITO	Sr. Matheos.

Epoca sicalíptica

~~~~~~

Izquierda y derecha del actor... Sr. Matheos

Advertencia. En Madrid existen en las principales calles unas placas indicadoras que dicen: **Llevar la izquierda.**

ACTO UNICO

Gabinete elegante. Puerta al foro y lateral derecha. Junto á aquella se supone que está la puerta de la escalera.

ESCENA PRIMERA

PEPA y CANDIDITO entrando por el foro.—Pepa es una doncella que se pasa el día pensando en dejar de serlo; habla con marcado acento andaluz. Candidito es un pollo elegante, tímido, y que tiene encogida una pierna, por cuya causa cojeará muy visiblemente. Lleva en la solapa una flor y en la mano un «bouquet» y una cajita de dulces

PEPA   Pase usté, señorito Cándido. La señorita Gloria ha salio á la calle, pero al marcharse me dijo: Si viene mi simpático primo, que espere, porque voy á estar ocupá un ratiyo.

CAND   Gracias, Pepa. Esperaré. (Dejá sobre la mesa los dulces y el «bouquet».)

PEPA   (Medio mutis por el foro. Suspirando.) ¡Ay!...

CAND.   ¿Suspiras, Pepa?

PEPA   ¡Pues no he de suspirar, señorito Cándido! ¿Usted sabe lo que es estar sola en la cocina junto al fuego tóo el santo día... ¡y siempre solal...

CAND.   Ya... ya me hago cargo...

PEPA   ¡Que no se vea usté nunca así!... Sin ningún consuelo, y sobre tóo sin ningún arrimo.

	¡Ay, si yo encontrara una persona tan sim-pática y tan cariñosa como usté!... Porque usté debe ser muy cariñoso... (Zalamera.)
CAND	Así... Para ir tirando...
PEPA	¡Pues con eso me contentaba yo! ¡Pero soy muy desgraciá! ¡muy desgraciá! (Sollozando.)
CAND	Pero mujer, no te aflijas... Y sobre todo no te apartes de la razón.
PEPA	No, señor. Si no me aparto.. (Acercándose más á Candidito.)
CAND.	Aquí me tienes á mí para que te mires en mi espejo. Con juventud, con dinero... y con esta pierna que la tengo encogida desde hace un año y no me puedo valer de ella.
PEPA	¡Pero á usté se le estirará alguna vez!
CAND.	No tengo muchas esperanzas de llevarla derecha. Y menos en invierno. Con el frío se me encoge más.
PEPA	¡Pobrecillo!
CAND.	Sin embargo sufro y me aguanto, porque comprendo que es el dedo de la Providencia el que marca el destino de las personas.
PEPA	¡Ay, señorito! ¡Aviada voy á estar yo con el dedo ese tóa la vida!
CAND.	¡No, mujer! Toda la vida, no. Las cosas cambian. Y cuando menos lo pienses te encuentras conque tienes por delante un camino abierto sembrado de flores... y ya has dejado de ser doncella.
PEPA	¡Ese día me voy á gastá catorce reales en una vela! Porque la verdá, yo no sirvo pa esto. Y comprendo que á una señora no le hago yo ningún servicio.
CAND.	Pues mi prima está muy satisfecha contigo.
PEPA	Porque es muy rebuena y muy alegre. ¡Se pasa tóo el día jugando!... Pa ella el mundo es una chirigota. Pídale usté tóo lo que quiera; pero como se trate de algo serio, á la señorita no se lo pida usté porque no se lo da. ¡Tié que ser tóo de capricho! Con las comidas es lo mismo. ¡A mí me güelve loca! Hoy quiere tóo á la española; mañana tóo á la francesa... Na, que no sabe una como darle gusto. Pero eso sí. Como decente, muy de-

cente. En esta casa no ha entrao todavía un hombre solo. Misté, señorito. Antinoche vinieron cuatro...

Cand   ¿Cuatro?

Pepa   No se asuste usté porque no pasó na. Mucha broma, mucha conversación y mucha labia. La señorita tóo de boquilla.

Cand   Pero eso perjudica á mi prima. La compromete...

Pepa   ¡Cá, no señor! Sale tóo el mundo encantao de su educación y de sus buenas formas. También esos señoritos la obsequian con pasteles y flores como usté.

Cand   ¿Sí, eh? Pues para que rabie, esta tarde te voy á convidar á ti... Toma... (Dándole un pastel.)

Pepa   Gracias, señorito.. Y ya que estamos con pasteles voy á corresponder á su fineza cantándole á usté el Petisú.

Cand.   ¿Y qué es eso?

Pepa   ¿Eso? Un tango que echa crema. Lo aprendí en Sevilla.

Cand   Vamos á verlo.

Música

Pepa
    Te voy á cantar á tí,
    y vas á escucharme tú
    un tanguito muy sabroso
    que llaman del Petisú.
      ¡Ay, Jesú!

Cand
      ¡Ay, Jesú!

—

Pepa
    Ví una niña muy preciosa
    que vendía pastelillos,
    y embobaba con sus cosas
    á los viejos y chiquillos.
    Y tenía un petisú
    que valía un potosí,
    y después de hacer el bú
    el pastel fué para mí.
      ¡Ay, qué rico!
      ¡Cómo quema!

¡Qué sabrosa
está la crema!
Al probárlo
dan anhelos
de chuparse
hasta los dedos.

—

Niña mía
retrechera,
á tu vera
déjame tú,
todo el día
si te veo
saboreo
el petisú.
¡Ay, Jesú!

CAND. ¡Ay, Jesú!
¡Me güerve loco
tu petisú! (Bailan)

Hablado

PEPA ¿Qué le ha parecido el tanguito?
CAND Almíbar puro.
PEPA Así debe ser usté también. Solo que tié usté un defecto muy grande.
CAND. ¿Cuál?
PEPA Que no sabe usté aprovechar las ocasiones... ¡Vamos! Que no es usté atrevidillo... ¿Quié usté hacerme otro obsequio, señorito Cándido? (Yo se la pido.)
CAND. Pide lo que quieras.
PEPA Esa flor. (Señalando la que lleva Candidito en la solapa.)
CAND Concedida. Te la vas á colocar en el pelo.
PEPA Colóquemela usté, señorito.
CAND. No, eso no. En la mano. (Va a darle la flor y suena la campanilla de la escalera.)
PFPA ¡Jesú! ¡La señorita Gloria!
CAND ¡Uy! ¡Mi prima! (Asustados.)
PEPA ¡Qué lástima! ¡Ahora que me la iba á poner en la mano!... (Vase al foro y abre la puerta de la escalera.)

ESCENA II

DICHOS y GLORIA vestida de calle elegantemente. Es una señorita
tirando á cocote. Entra muy nerviosa

GLORIA ¡Qué escándalo!...

CAND.   Buenas tardes,
mi primita angelical.

GLORIA Vengo indignada.

PEPA   Los nervios.

GLORIA ¡Y con ganas de pegar!...

CAND. ¿Qué sucede?

GLORIA   Lo de siempre;
que no hay quien se atreva ya
á salir por esas calles
no siendo con un guardián.
¡Qué hombres tan brutos! ¡Qué lenguas!
¡Y qué modo de accionar!
Y de piropos no hablemos.
¡Jesús cuánta atrocidad!
(Usando distintas voces imita que le echan piropos.)
¡Vaya una tía! ¡Zeñores,
qué curvas tan pronunciás!
¡Olé las hembras! Comía
su manzana hasta sin pan.
¿Tiene usté música, prenda?
porque no le falta más.
Y otras mil barbaridades,
del repertorio especial
que usan los hombres, tan sólo
por vernos ruborizar.
Hasta un niño, que tendría
diez años todo lo más,
me miró y dijo: Señora,
la ponia á usté en mi altar.
Y yo le dije: Mocoso,
¡si no llegas! Y él, audaz,
contestó: ¿Y usté qué sabe
dónde quería llegar?

PEPA Pues pa lo que á mí mé dicen,
señorita, eso no es na.

Cand.   ¡Ay, qué cochinos!

Gloria   Y gracias
á que por casualidad
no me encontré en apreturas
y así me pude librar
de sufrir una inspección
por delante.. y por detrás.
Los hombres, registradores
son de nuestra propiedad.

Cand   ¿Y por qué entonces no llamas
á los guardias?

Pepa   ¡Camará!
Porque si vienen los guardias...
resultan dos hombres más.
El señorito no sabe
de la misa la mitá

Gloria   ¿Qué ha de saber, si es un primo...
mi primo como no hay más?
De los de «no te menees,
que te puede sentar mal.»

Cand   ¡Pero prima!...

Gloria   ¡Guarda el pico!
No tiene derecho á hablar
el hombre que aunque se empeñe
no es chicha ni limoná;
que no fuma, que no bebe,
ni sabe lo que es tirar...
la casa por la ventana,
ni acude al Royal Kursaal,
y que baja la cabeza
cuando tiene que pasar
por un puesto de postales,..

Pepa   ¡Qué gracioso!

Gloria   ¡Qué... morral!
Si yo fuera hombre... ¡cualquiera
me la hacia á mí bajar!

Cand   Pero mujer, reflexiona
que soy joven, y además,
que con la pierna encogida
no me quedan ganas ya
de ser alegre!..

Gloria   ¡So... mandria!
¿Cómo se te va á estirar
si tú no pones los medios?

El hombre ha de ser jovial
y atrevido sin que nunca
se llegue á ruborizar;
y ha de tener con las hembras
la vista muy larga, ¿estás?
y tú la tienes muy corta...
¡si la tienes!

PEPA   Es verdá.

GLORIA   Se me ocurría una idea
para acostumbrarte...

CAND.   (Asustado)   ¿Cuál?

GLÓRIA   Cambiarme aqui de vestidos.

CAND.   ¡Jesús, qué barbaridad!
¡Desnudarte ante mi vista!...

GLORIA   (A Pepa.)
Y tú también. Vamos ya.
Es un medio de que vayas
aprendiendo á desnudar.

CAND.   ¿Las dos y yo solo? ¡Prima!

PEPA   (¡Ay, qué primo!..)

GLORIA   Me es igual
que protestes. Desde ahora
se acabó la caridad
¡y aqui queremos las cosas
muy derechas!
(A Pepa.)   Tú verás
cómo se le sube el pavo...

CAND.   ¡¡Sí que se me subirá!!

Música

Durante este número Gloria y Pepa se desnudarán según indica la
letra del cantable. Candidito deberá sudar tinta

GLORIA }   El desnudarse
PEPA   }   una mujer
requiere un arte
singular,
que hace á cualquiera
enloquecer
cuando se sabe
ejecutar.

CAND.   (Aunque presumo
la intención

yo no me atrevo
ni á á mirar;
¡es un momento
de cajón!
¡Ay, si me llego
á equivocar.)

—

GLORIA } PEPA	La blusa descubre, los brazos desnudos; que son torneados...
CAND.	(Que son... ¡pistonudos!)

(Mira de reojo)

GLORIA } PEPA	Y luego la falda cayendo sencilla... descubre el principio...
CAND.	(¡De las pantorrillas!)

(Idem.)

GLORIA } PEPA	Van apareciendo muy poquito á poco los demás encantos...
CAND.	(¡Dios se vuelve loco!)
GLORIA } PEPA	Y como fin de fiesta me quito el pantalón.
GLORIA } PEPA	¿Te gusta, Candidito?... ¿Le gusta, señorito?...
CAND.	(¡La des... coyuntación!)

—

GLORIA } PEPA	Si una mujer se desnuda y el que la ve no se anima es que el hombre está sin alma ¡ó es que la tiene dormida!
GLORIA	¡Animate! ¡Levanta ya!

(A Pepa.) ¡Cógele tú!

CAND.	¡Por caridad!...
GLORIA	Un zarandeo te probará.

(Juegan las dos con Candidito.)

PEPA	Y de seguro le curará.
CAND.	¡Ay, ay, ay! ¡Por caridad!

—

GLORIA
    ¡Llevar la derecha! dice un cartelito
que han puesto en las calles de una gran
                        [nación
y todos los hombres con mucho respeto
cumplen el mandato del gobernador.
    Y aunque aquí dijeron unos cuantos primos
que eso por las calles seria inmoral
allí las mujeres de todas edades
se hallan encantadas con la autoridad.
      Si quieren ustedes
      dar gusto á las hembras
      llevar caballeros
      ¡llevar la derecha!

LOS TRES
    Si quieren ustedes, etc.

———

GLORIA
    A cuantas mujeres se hallan en mi caso
dentro de unos dias voy á reunir
y le pediremos á nuestro Gobierno
que esos cartelitos nos coloque aquí.
    Si algún caballero esta ley no acata
le reprenderemos con mucho rigor
y si la reforma no entra en su cabeza...
se la cortaremos sin más remisión.
      Si quieren ustedes, etc.

LCS TRES
      Si quieren ustedes, etc.

(Suena la campanilla.)

Hablado

GLORIA
    ¿Han llamado?...

PEPA
    Jurarla que sí, señorita.

GLORIA
    ¡Dios mío y yo casi con el traje de Eva!...

CAND.
    ¡Esto es un compromiso! (Muy apurado.) ¿Qué
dirán de mí? (Suena la campanilla con gran vio-
lencia.)

PEPA
    ¡Jesú! ¡Le ha entrao el vértigo á la campa-
nilla!

GLORIA
    (Azorada.) ¿Qué hacemos?

PEPA
    Ocúltense ustedes ahí dentro. (Señalando la
lateral derecha.) Yo hablaré... Diré que usté ha
salido...

GLORIA
    Tienes razón.

CAND.   ¡Qué compromiso! (Suena la compánilla.)
GLORIA   (Empujando á Candidito) ¡Anda!... ¡Anda!.. (Hace
mutis con él por lateral derecha.)

ESCENA III

PEPA medio mutis en el foro, abre la puerta de la escalera y figu·
ra que mantiene un dialogo

No, señora, no está: ha salio. (Pausa.) ¿Cómo?
¡A esa portera le voy á arrancá el moño por
infundiosa! (Idem.) Bueno; se lo diré así á la
señorita. (Idem.) Muchas gracias. (Idem.) ¡Vaya
usté con Dios! (Entrando y llamando en la puerta
lateral derecha) Salgan ustés que aqui no ha
pasao na. Era la señorita Clara.

ESCENA ULTIMA

PEPA, GLORIA y CANDIDITO, que entra en escena dando saltos de
alegría y siu cojear lo más mínimo

CAND.   ¡Eureka, prima querida!
PEPA   ¿Qué pasa?
GLORIA   Yo no lo sé...
CAND.   (Enseñándole la pierna.)
Pues mira... ¡Que la estiré!
¡Que no la tengo encogida!
GLORIA   (Asombrada)
¡Un milagro!
PEPA   Camará,
no lo creo y lo estoy viendo.
CAND.   Vaya, ¡abur! Me voy corriendo..
¡á enseñársela á mamá! (Vase.)
GLORIA   (Al público.)
Como aquí acabais de ver
es un doctor la mujer
que cura cuanto pretende,
pues si la ciencia no entiende
en cambio sabe... querer.

TELON

COUPLETS PARA REPETIR

Un joven muy guapo á quien yo conozco,
que tiene una gata de un tamaño atroz,
está echando lumbre desde que ha sabido
que los perros tienen una exposición.
Y ayer me decía con mucha tristeza:
Si admitieran gatos en concurso tal
como presentase la minina mía
me llevaba el premio sin dificultad.
      Si quieren ustedes, etc.

—

Tiene hace unos dias doña Filomena
una cocinera tan original,
que todas las noches como plato fuerte
un cabrito asado pone de cenar.
Doña Filomena piensa despedirla
y dice con tono de sinceridad:
Qué vaya á otra casa porque ya en la mía
no hace, aunque se empeñe, ni un cabrito más.

—

Un autor que escribe obras de teatro
una zarzuelita anoche estrenó,
pero á *los morenos* no les satisfizo
y dieron á la obra un meneo atroz.
Y lo más curioso, según me han contado,
es que está algo loco este pobre autor
y viendo su obrita desde una butaca
él también furioso se la meneó.

Yo sé de un modisto que por lo famoso
tiene la parroquia mejor de Madrid,
y á su casa acuden todas las señoras
que como elegantes quieren presumir.
Pero no hace un traje que le salga justo
y todas le dicen al irse á probar:
Ensáncheme un poco por aquí delante
ó métame un poco por aquí detrás.